SECRECIONES DE LA VOZ

SECRECIONES DE LA VOZ

Uli Puaj

Valparaíso
EDICIONES

VALPARAÍSO POESÍA

Diseño de interior y maquetación: Chari Nogales
www.charinogales.com @chari_nogales

Ilustración de portada: Uli Puaj

Primera edición: noviembre de 2024

© De los textos: Uli Puaj

© Valparaíso Ediciones
C/ Fray Leopoldo, 7 bajo, 18014 Granada
www.valparaisoediciones.es

ISBN: 978-84-16560-69-1
Depósito Legal: GR 1669-2024

Impreso en España - *Printed in Spain*
Gráficas Gami

I. FAGOCITOSIS

asco de for-
ma, ascuas enfer-

mentación con-   glomerado co-
   agulado
   ascuarzo
      luminpupila
      formilagro

GELIFICACIÓN DE ALMIDONES

"Cuando dos se convierten en uno,
todo es silencioso."
HELMUTH LEHNER

I
caricias con carbones   carbúnculo pegajoso
la voz de un espejo a solas consigo
carcomido sílice   cálices de carne
cara sin boca no tiene voz   sin máscara no hay
lonjas lames lonas   abejorros en la córnea

II

saliva   cal viva
caen
lonjas
carne
miran
caer
mis
alhajas
roen
canes-
talactitas
calles
arden
las
vitrinas
torres
almi-
dones
caes-
tampidas
lupa-
nares
miran
llueven
lobos
pupila-
pidada

III

errajjjjj
riendas tomar el pulso a mártir mármol
la vejiga llena de agujas
carbunclos pegajosos saturando
llagas constipadas   motas de yodo
prende y fuga
errajjjjj
motores de agujas   montones la voz
de un espejo a solas consigo
monjas en cuclillas   mojada mi cara sin boca
amarillo
rastro de órganos consumidos
erraj sin máscara no hay
voz
gasas lonjas
abejorros
cascadas de mos-
cascadas
pozos donde en pliegues cae pálida ceniza
nieve de óleojo mordiente
esclerótica de leche por las escalinatas
ruedan lunas   horas bullen
abejorros en las urnas
luchas en octágono de vidrio
runas
lodo que desnuda

errajjjjj
manos arriba   pedir la palabra es no escribirla
dormida no me dej
    no medej
    errajjjjj
desnuda no me dejan hablar
sin máscara no hay
    dios   carbones en la boca
escamas en el pecho
pinchan cuando tomo aire y dicen
        que se vayan que aquí no hay a quien matar
sin ti no puedo ha-

IV

. la cabeza llena de urnas
páncreas reventado   curvatura que lubrican
    por la axila los carbones
donde vírgenes lapidan con glucosa helicoidal
    feculenta / alógena / arcangélica
les gritan
    halógena/ indolora/ granulada/
        artificial
confinada en discoteca
no creen en tu dolor hasta que que crece de la soledad al show
    ¡canta! esclava ¡calva!
    hace noche en el lenguaje
son cuchillos lo que pides en cuclillas

los talones por la canaleta de la espina
dorsal   respiro y pinchan
    los contorsionistas de la pista acelerando
por el lomo   pus   calambres lamen cruz polarizada
en microscopías el dolor se desparticulariza
    leche de monedas chupa la erosión y canaliza
lavandina chocolate
        ligamentos regaliz
        azúcar mucha pura sal y nada qué comer
    espina y punza
la carne en su punto irreal: más dentro
    de todo lo terreno te
            real: carnegra
    crocheteada en el tapiz   chispeado en discote-
        ca el pis-
oh supuraciones de metal roído a malas
        llora en limusina su polvillo de oro plástico
dramatizada lluvia por el incontinente hisopo
que bendiciones vende ricas en nitratos
    sermones   certilizantes   ferdos
semovientes trozos de lenguaje fensurados

TOMA 127

urgencia de enmudecer
                    termidor
        bromuro   traquitoc
                    rimbaud
otra especie mía busco
                    en chancletas hacia atrás
                    maun taw
    claquetas i mean
escarba tu corazón
        primera raíz que encuentres es tu ombligo →pluck
just bleating it doesn't hurt
        rite nite →   write
chúpame la luz
    oh my cords
travesaños de sílaba por la tráquea
no paran de crecer y morir
            crecen muriendo
            planicornios
a--
    i hate my language
me arrastro por sílabas que presagian el acabamiento del
sht!
            stubbornly bleeding
            my clap   my hand
cisnes anestesiados entre la nieve

the sweetness of   ce pli
split mouth soft   south grass
   silabe
          jesuscrisis
        what if i
      .   when you lost your ancestors
              searching my eyeballs in the grass
                 not i
      tarmaltaf
envidio a las plantas retiñen los
contornos de las palabras
      my chords in the grass
y no paran de crecer
            when i was that single pure word i lost
                 hachi nag   what if i
        me estoy volviendo cuarzo
        need some bleeding palpitantes letras
stubbornly trying to go out   a lame
lame vidrio derretido   miel de terciopelo en culos irisados
      i don't know my langussshhh
l'angoisse))))))
      address? my?
name   a light in her brest she's surgering
                  not my
              tu primera cicatriz y letra → snif it sobre la piedra
                     prominentes saurios
entre tus piernas
              moluscos masticando tus glúteos

                    i mean
              prismálticos
me humedezco
    adelgazo hasta ser la forma de mi corazón de cinco puntas
chúpate mis letras
        you need to built every single piedra
              for your tomb → bowl   from your womb
              meaning she's searching for
            · shinisokonōte
        plumaicolor
              claustico
noesta   esta no era
    sing a sharp tight clap
          clutch molt
        spersores labiales
      what if lemidol   cornucopia brastilac
otra especie de mí   ningún alguien
vademecum
              nocticulas que se nutren del ahogado
notas adjuntas   culpas   lupas rotas
llorando bromuro traquitoc
                  pronominal
      claquettes
    artaud golpeando su ataúd
vivo o muerto? no puedo decidirme

hielos crujientes
bajo tu carne de agua
caliente
hielos negros
astillando-
sé
dentro, al contacto
de la luz
obsidiana que sede
rrite

IMPURIFICACIÓN

impurificación   doblaje del compungido pugilista
  un toque de gramática aquí
      y allá   por disimular
el insoluble maquillaje de sintaxis
"al natural"
   culpa tiene como quien un cuerpo
     sutura traspasando lonjas de carne
diez mil nerviosos pestañeos disuelve
  en una bañera con haluros de plata

lleva entre los dientes una letra travestida al español
  el mundo hecho añicos en la bola navideña
      cayendo entre las ingles:
    huevo roto u ojo desleído
      debilidad y mareo de la espiga
David contra Goliat en pastos relucientes
     giran como piel
de marica en el burdel cuando le pongo
  la música que odio y se masturba
con lo *ya visto*   retiño a ciegas lo que voy leyendo
   estampo un sonido contra el piso y digamos que escribí
digamos por decir que algo pudimos
  hacer? no hay movimiento
    que no profane los espacios uterinos
siameses boxeadores sin vergüenza de nacer

prueban su elasticidad contra el asfalto
hasta escuchar de aguas el invocante silbido ultraterreno
pieles de ciruela   se restriegan en dulce contracción
contradicción: sonríen mientras estrellan
su cabeza contra el rostro del otro
separados por su jugo y vueltos a mezclar:
de nuevo uno: sonríe mientras estalla
contra su cabeza el rostro de su estatua y sangra yeso
(una rosa se desangra
sobre nieve que se funde migrando a ultravioleta)

GAS METANO

I

por mis venas azul fuego de gas metano
exhalo un rumor ceñido al aire
con la costilla sangrante firmo el pacto
el olor de las imágenes persigo cada día
transparencia es el animal que las envuelve y no me deja ver
está cansado   hirvió su lengua
bebió el caldo de su
        silencio a orillas de la herida
        no quiere otro alimento
pidió morir en esta misma habitación
atiborrada de leños que se desmayan
                tornillos perplejos
deshilachadas salivas cuelgan del techo
                pero si apago esta luz esta
habitación queda vacía
                es la oscuridad lo que lo ensancha
es por la sombra que nos devora primero

II

        trabajo solo para ser   libre para ser solo
el pacto me hizo decir entre círculos azules
        persigo cada día
        la ficción hace la chispa   canalizo con la pluma

un silencio brusco en la punta de los dedos busco
que la imagen sobreviva
))lobos azulándose bajo un viento acosador((
el vacío hace la presión que me compromete
desliza mi pulmón hacia tus tímpanos
crece un tiro
que siembra la sílaba en mi frente
cuando tu voz atiza mi nombre es un gato
que traspasa el borde de la ventana
se zambulle en el espacio y desaparece

AMALGAMA

Sol frágil tiempo cautivo.
Creo con duda mantener tus espejos de antaño.
Nombre propio: cicatriz mojada con saliva de otro perro.
Fue capaz de tanto daño la voz que ya te acaricia.
Mataría por un revólver. Al exhalar me extravío
¿Este aire es mío? ¿Supe estar
    en algún sitio?
Me agabarco sobre las rocas   cóncava y con ellas
golpe del agua   me despergamo
¿Con qué cara voy a hablarle?
Convexa, de prominentes pechos ¿La creación de un mundo
es siempre un acto tan destructivo? Pienso mientras paso
las páginas de un libro: *La alegría de leer electrocardiogramas*
¡Dios mío! ¿Qué tengo que hacer para ser un buen disparo? /
hipertrofia/isquemia/infarto/ intervalo/ (en rojo)
/frecuencia/arritmia/síndrome coronario/ ¡disparo!
¿qué tengo que hacer para hacerte un buen
dios mío? Dios tenía dedo cuando hizo a Adán
pincelaba Miguel Ángel sus trozos en cadena:
                este dedo: dardo; *index*:
le dice un nombre a dios para desentrañarlo
- si demasiado en partes agarraelnombreapeñuscándolo -
si me duele es que ya soy algo compacto - junta trozos a la
orilla de tu cos - tilla faltante - extirpar a dios - escribo para
suturar - pienso para descifrar un - milagro me defiendo
de un - fractura mineral

-    pensar profano - estrías concéntricas - lo confundo con
cualquier banalidad y así no paro - hacerme yo? soy una
pregunta? - busco mi nombre para extirparlo - miedo
pero quiero - huir en una sola dirección - dios quiera yo
nunca lo sepa - esto es mi nombre - mis ojos matan lo
que miran busco en mi dirección contraria - hay que estar
muy ciego para escribir - perro milagro mi nombre viene
por mí - huir de lo pensable - a la velocidad de dios y no
lo agarro - dios me libre de encontrarme conclusiones -
entender todo es morirse o matarlos a todos - moscos al
cerrar el libro - la pared enladrillada de cabezas - nada
que entender hay - que estar muy solo para escribir
-    buen viaje - buen disparo - escribir es más o menos
pero distinto a pensar - mentir pero no demasiado
aún no paro - pincelaba sin pensar a dios que
pincelaba a adán - sueño que escribo y así no puedo
soñar - el cañón contra mis párpados - sueño la foto
de un muerto - un agujero negro dentro del agujero rojo
- aprieta el ojo cómete a tí mismo - gota de orina
en el mar - gen - estatuas de sal desovan en mi boca - la
vida es un error o milagro me abro - hasta cerrarme
con la piel invertida - mi boca geoda - mi pecho es el mar
-    línea de sierpe en la entrepierna gotea dice -
enroscándomescribo - para defenderme del mí - lagro -
filón de cicatrices minerales - el verso es un cienpies
ámbar infecto soy - frágil tiempo cautivo - hueco
hinchando de luz - acecho - paso por debajo de mí -
sin mirar por debajo de mí duermo a la velocidad de -
dios nunca es mi nombre

PLUTONES/ LAHARES

I

aquí llega violento balbuceo pide lava escupe fuego
pone un pie en el infierno avanza hacia la cordillera
se avalancha de espeso silencio tumultuosa nada
aquí llega los residuos arrastrando llamados infancia
óleo   escarcha   brillantina
océano en retículas de papel metalizado
trae mis escombros picoteados por palabras
aliento de medusa   tribus de muñecas descosidas
mojado en lava viene sonajero de grilletes
puse un huevo   es de fuego
salió roto   aquí viene   otro: 0

II

y aquí viene también este alejarse de infinito acabar
este no poder más y sin embargo más
y más nopoder   retener el mar en contracción
dunas construyendo su piel sin mareaje
sin cuartear   urea cargada de metal
pesado sangra algas cobrizas algas cubriendo
arpas que modulan los nombres sagrados del océano
muerto   a los pies de un árbol navideño
brindis por un ruido de bonitas
sonrisas cristalizadas contraen su brillante
cobertura esparciendo por esquirlas su alegría en suave rictus
aquí viene su alejarse desnudando heridas de oro
que al fondo se depuran   yo me pudro porque estoy
    fuera del vaso
que vuelve a llenarse de niebla que cubre diciendo
mentira que no bebo pues no puedo ser yo
esto que no se quedará conmigo

III

un impulso electroquímico vuelve a ser la euforia
la fe en los dioses griegos y animales extintos
la palabra "memoria" la fe en la dosis precisa
de estimulantes anfetamínicos
para carburar nombres resistentes al adiós
nombres que justifican tu espera y no la mía
que respondes al misterio solo cuando te nombra
una piedra preciosa es mi nombre y lastra el vuelo
pues no se quiere ir entonces dónde voy
a poner el pie que inaugura los incendios?
el huevo que chorrea fuego por la espalda
al sarpullir levanta cordilleras que se mueven
por combustión interna?

LAMENTO DE LA PERRA

perlas en la vagina urdiendo mis cachorros
con cadencia de cadela canto de cimitarras
desmayado pulso el estertor   esmaltado de pavor
nocheros en la madrugada tosen
las cenizas de los santos rotos de sueño
glomérulo renal pulula en pulpas rojizas
puñados de alpiste ocupan los dedos que aprietan
las plumas de poemas que se escapan
niños pajeros convierten en amantes monjiles
postizas deidades despetalan mi talento natural
virginidades múltiples goteando huevecillos de serpiente
bola de vellos vértigos en viajes rastreros
sabiduría de yerbas enanas
que muriendo por vicio van creciendo en retamar
la retaguardia lamer úvula inflamada
hasta sacarle a su lengua el fonema reprimido
saliva en las comisuras del libro
teje cuando acercas tu oído al caracol
y a falta de mar edifica su lamento
tira piedras en la baba remolinos en el habla que
pluck plack blop   recorres la playa recorres la palabra
"yegua" por mi espalda adosada al español
gubias en las uñas levantan erizos medulares
peinan del cometa sus aullidos
espuelas de leviatán titilaciones trenzan en código morse:

remitente   número de círculo   demonio a cargo
todo constelado en un mordisco   yo solo aspiro en tu oído
que todo lo que llegue a sus pequeños huesos
mis huestes de espuma contra tus rocas la efervescencia
    del muro
del mundo al contacto de tu carne que dice "no"
tu carne es negación en todos los idiomas
disolución del ilimitado que hacen desmayar mi pulso entre
tu carne bordada de ganglios como boyas sobre
    mi tejido linfático
alzan mi profundo abisal   pequeños caos
burbujas de anfibios   kipitos pop cosquillas consumen
mi cossssstilla faltante   shhhhh shashufffff
este ruido que soy música devengo
por la gracia de tu oído que se abre
su fuerza de atracción chupa las espinas de mi alma
molusco de piel profunda   vulva piramidal
descoagulado caracol endurecido   albumina de huevo
hace tiempo roto en la cubeta de cartón   ese imprevisto
brillo que me hace mortalmente sospechosa cuando hablo
luna que me salta a la nuca cuan guadaña
vierte mi voz convierte en garabato bautismal
en pilas automáticas sumergen sus lengua las insectas
que si no fueran tan chiquitas serían el temor de
dioses todos los que fui conozco los pecados de este
    mundo soy
lo que deja manchado tu oído con el número del hombre
tú que sabes escuchar telepatías hormonales

mi saeta de carbonato cálcico envuelta en baba penetrando
siete horas en la noche penetrando
hasta volverte caracol hermafrodita
abandona a tus hijos sin formar en tierra santa
perforada por filósofos necrofílicos
vomitarán su germen a orillas de mi boca
tosiendo jeroglíficos hormigas por la herida
fosforescente ruina supurando amor en cada esquina

CARIÁTIDE EN DESHIDRATACIÓN

agrietado volcán
culebra de glicerina por la concha flamígera no sueltes
el puñado de luciérnagas para incrustarse en la noche
domestica esa bestia con la pulpa de tu corazón
lágrima que rebosó el desierto no la pierdas
rienda de culebras oro verde óxido por las venas
fibras de relámpago zurciendo huesos de metal
fracturados por el agua por amor al auriga
disuelves al besar grietas de lava
para hacer los infiernos respirables
gracias por darme algo tibio que llorar
precario este ponerse de pie entre húmedos impastos
atorando mis ojos pétalos pintados cansados de no ver
heliogábalo septentrional sobrevolando
deus sol invictus la sofocación de su goce por mandato
lubrica su ruina precoz en las letrinas
con lenguas de ruiseñor   arterias taponadas de rosas
graznido aterciopelado en el gaznate
la risa de heliogábalo vistiendo de gasa los derrames
apilando piroclastos de óleo en letras bien sedimentadas
los glúteos del esmirneo revientan de un orgasmo
o carcajada el pacto con el diablo   pacto con el dolor
    roto mi hocico
recubierto con resina de acacia

a la hora de la comunión suelta la lengua cicatrices guturales
alma tadema convierte luz en agua
y el agua en mezcla de pigmentos hidrófobos
límpiate los mocos con los lienzos de sorolla y
carne de sombras el mundo
            es una mancha en el espejo (david huerta)
la línea es una invención lingüística   no la sueltes
ligustrina   que la columna revienta expulsando
sangre vegetal hacia la orilla de mi orgasmo fabricado
con silicona hipoalérgica ultra suave
            aureola de hongo atómico
corona de paul celan y todos los poetas
absorbidos en papel torá
marina tsvietáieva el peso en la cara que se descascara
arúspide inclinado sobre una grieta de pintura
inhala signos en fuga que refulgen al fondo del volcán
al fondo del volcán sigue escribiendo yo
            creo en la inutilidad de tus esfuerzos
alboroto de versos rebosando espuma pánica
en un televisor que perdió la señal
            jarana en lenguas muertas
vibrando en las caderas de vírgenes vestales
yo las decapité con mis propios instintos
mugre que muge papel yo creo
digo la noche un   hueso de sibila
calcinado le arrojo una cariátide baja los brazos

abre la mano   suelta el arquitrabe
mugre que muge el papel yo también   dice heliogábalo
yo también quiero ser mujer

LITIGIO (RECYCLING PERLONGHER)

1

tienes una sonrisa en tu ojo
hambre de otro estómago   asco del amor
terror a lo sagrado   el párpado incrustado de lagañas
la cadera empotrada en el motor
letra banalizada al punto cadeneta firma
monedas de litio sobre la lengua de un libro
    ha sido un descalabro del aullido por la orilla del musgo
amaneces envuelto en servilletas y aluminio
un soplo de whisky levanta la pintura en tu caverna
de hormigas laberintos que se riegan por el piso
    transforma en bola disco tu rostro acnéico
el ectoplasma sublunar de un cigarrillo
restregado al recitar cinco marcas menos una
contra el brazo en anclas de marinero por dibujo

    en tu longitud de onda pongo mi espíritu
se pixela intravenoso con ronchas de iniciática sarna
pelos de gato interfiriendo el mecanismo
del esfero o pluma de cisne en greda hurgando a leda
lelos caracoles succionan vellos encarnados
vomitas polígonos de siete hemisferios   de tus piojos
    los despojos
guarapo de gargajos que me drena es el recuerdo
avena de mis nalgas   en el patio por orinal de un viernes

próximo y lejano: incontinente
azúcar hirviendo en el mosaico de las costras

*

duelo de amor a muerte
la policía hierve brujas cazan luz en telaraña de fluidos
    femeniles
tiempla el grito de la urraca las cuerdas de un piano solar
jazmín recién violado sobre las tapias
vibra salpicado por una gota de orina
cuadrados ortopédicos en las esquinas dolor en las bujías
las caries del absurdo   corrales de almidón estancan el
    discurso
claman sexo convierten en putrefacción
    si francis bacon no tuviera colores
haría el amor a muerte del jazmín contra las tapias
    gotas de miel supuran mis tejidos
sugieren pergaminos ajados   pieles chamuscadas de
    tanto pensar
tiemplan la corriente por mis vértebras
cuadrados por amortiguar la entrada al círculo
un pájaro rasca tu rostro entre sus plumas
goteras de miel diluyen la costra de mi herida congénita
el percal rueda hacia mis patas con frenos de cartón
párpados de celofán   cristianos hierven en los tigres de
    tu sombra
que rugen bajo un cambuche de polisombra negra

retazos de gangrena en látex condensada
guirnalda plástica sardónica sobre mi patria
sobre las cenizas de mamá izo mi falta
mi falda   mariposa marimacha
lenta sangre de monarca rebota en los resortes oxidados
    de tu cama
recamada de alondras vibra la cordillera occipital
me desposeo cuando te veo
y toda luz es tu ojo

II. COÁGULOS

MIKE PATTON

El jugo de su voz se adhiere a la camisa
   ' —los párpados girados.
Esculpe truenos tronos son los muecos de su boca
   —empapado de sombras.
Los micrófonos escupen látigos de oro.
Se camufla dando gritos
   de acero cepillado a contrapelo.
Rey de los Cerdos "Sanctus Sanctissimus"
   No bebo: celebro que no tengo ____!

ME VOY UNTANDO DE AULLIDO

Me voy untando de aullido entre las piernas.
El whisky surcos abre por músculos cremosos.
Una mano que ensaliva lo que toca
moléculas de voz siembra entre mi vestido elástico.
La raíz de mis juguetes ha crecido,
perforando el ombligo asoman sus rugidos de neón.
La nota disonante afila mis pezones.
Apuntan hacia fuga los vellos erizados.
El whisky cauteriza límites pintados a mordiscos.
Carnes aturdidas por el vaho a gasolina del cantor.

DIAMANDA GALAS

Hundes en neumático cardiaco puñetazos.
De uñas contra la pizarra
la voz que pincha y una vez adentro
expande sus tenazas en el caucho derretido
por la velocidad de tu vibrato.
En reversa un exorcismo. Bebo y reverbero
de mi pecho arranca los acordes: piano en bruto.
Eréctiles maullidos los enquistados garfios
deshilachan el miocardio
y de mis llagas calientes brotan tus cuchillos.

FILAMENTOS ELÉCTRICOS

filamentos eléctricos azotan mis dedos
cabellos picantes que no están y deberían
la amitriptilina tuerce su cableado verde
en sublevación de células malditas
tajando oblicuamente mis siete capas de piel
descórchame o licúame   insecto que salpica
de flubber la estructura subjetiva
catapulta hacia un sudario de papel bombacha
mis células cardíacas   hacen fila en la epidermis
el vello por garrocha para un salto suicida
uñas que jaspean tu rojo por mi espalda
gemido surca el hueso en vetas de relámpago

*

un animal de agua penetrando
un animal de fuego
pariendo un animal difuso

*

el muslo afilo riendo a risco puro
con violencia natural hacemos el amor entre las grietas
espigas punzan en las periferias del dolor
tu puño se hace juego de luces que drena mi cabeza
resisto periférica en anilla de serpiente
que todo vuelva espero a llenarse de raíces

SATURNO SATURADO

https://www.youtube.com/watch?v=U56oHi08MqM

te instalas entre cuello y hombro el violín por órgano sexual
frotas con violento amor hasta el desolle
el pulso te dilata hacia fuera de tus huesos
la pluma de un pájaro chino
estimula tripas que digieren a sus hijos
músculos de viento   tiempo sin mancha de número
eres del violín muñeca   de ramas que se hincha
electriza los tendones como gato de metal
jugos sonoros vierten mis pezones brillos pulpos
dulcísimos caos alumbran mis poros y pierdo la señal

VELOPOIETICA

estoy parado en el punto de fuego que funde amor y odio
    no es un *parar* fijo   esto ya no es un *estar*
es un *esto* envuelto en flujo circundando
las cabuyas se incineran en el punto de la lengua
        que sutura el no y el sí
quirúrgicamente soldados por la ira de dios
es a mí a quien maldigo
          cuando maldigo la ley que me obliga a estar vivo
los perros me dictaron un libre y simple gozo
alabanzas zambulléndose en el mar
por no escuchar complico el transitar del aire
de la palabra a la carne   de la materia al sonido
por qué se incuban religión y delito
en el ovillo único de mi nervadura?
catapúlto mi nudo de nervios
       elongo
          proyecto
eyaculo peces con deseo de mí hacia donde
ya no estaré

IMPOSTOR

tejiste en mis ojos de ciega lentejuelas por escamas
tu voz se adhiere a los oídos y así no hay quien entienda
    mi rostro se hizo retráctil
por el soplo de tu laberinto en mi frente
        pesé cada gemido antes de arrojarme
lo cuidaba para no perder mis tripas examiné
    cada uno de mis pasos
para cerciorarme de que eran los tuyos
y no otra de "mis" ideas

hoy que mis párpados respiran bajo el agua
                    pantimedias de cristal
se escurren y quiebran tus piernas dominador
    abulto los silencios que me hiciste
me anclan al fondo y de allí surge este impulso

FUEGO BLANCO

    fuego blanco en los ojos del esclavo
avanza con ladridos   lanza ladrillos que imantan
ladrillo por ladrillo construye su mirada
        ladrido por ladrido
su derrumbe

                      rasguña las paredes
para comprobarse por escrito
        y las paredes sangran hasta reventar de
fuego blanco los ojos del esclavo
        llevar a punto de fuga
los muslos del proscrito

HABLAR

cuántas tardes cayendo en almohadillas de cemento
ponte mis guantes de palpar el vacío y escucha
lucha contra el no poder decirlo
si lo das es que lo tienes   pero darlo es perder
   el paraíso busca
      una música en quién confiar
hazla tu voluntad
y síguela

SER 0 UNO

me voy a meter en mi oscuro hasta coincidir con el
    hueco que soy
        se regará lo oscuro   hasta ser yo y el mundo un
solo manchurrón
    la tinta que se riega por las eras se me sube a la garganta
salobre es la explosión del sol hereditario
        soles en degradación hasta el crisol
        que funde yo/mundo en el fondo de una mancha
tose rayaduras expectora líneas nervaduras
        los vitrales en que deviene el muro por inanición

Rx

es un libro hecho de espejos
el amor se extiende por sus vísceras de celulosa
paso la página buscando mis palabras
como si otro las tuviera
y un nombre para creer que existo
encierro un ladrido en el libro
y se convierte en hiena
dolores en pastillas recubiertas de colores
calígine en tabletas masticables paso
para salir de mí y paso hacia donde mis huellas
con mis pies coincidan

GOLONDRINA

I

decir cada hoja seca
desde el árbol de la vida hasta el balcón derribado
a manzanazos
volver frescas al decirlas cada una
como si ellas no pudieran desde el inicio extender
su crujido a las vocales
desde la creación hasta un balcón mundano

II

dejaste caer la blanca fruta y se hizo invierno
esparciendo lujurioso viento   pliegues de nieve
revolcándose
en un espacio asesinado por el tiempo

III

pastel de nieve   comulgué de tu silencio
para extraer mis dientes y no morder la mano de
los misioneros
¿qué hicieron de mí? tiernas encías   hambre exangüe
inútil animal que extiende la semilla
de su sangre cabalgando el cielo
piernas azules   cieno entre las ingles atascando el vuelo

III. TEJIDOS GRANULARES

*

muerdo su corazón crujiente
expulsan musgo mis narinas sangran
pañuelos de color vuelve
o verde   agitan muslos de paje y pajas de monaguillo
para limpiar el polvo un ángel en su pulso
aletea pulceras de cilicio   nalgón de pandereta
con lágrimas ácidas ella me pregunta
¿si yo no fuera ciega me querías igual?

CUERPO CAVERNOSO

leche de ballena   grotescas dentelladas en la roca
lapislázuli profundo   no puedo adherirme
apabullada por el biso de abulones
las piedras preciosas y las feromonas resbalo
minúscula soy   me resisto a succionar
rema la rima contra corriente
hombre calvo la perfecta fusión
entre mi abuelo y el psiquiatra
mi pecho se agita cundido de noches y liendres
capilares levantan pirámides de agua
en cuerpos cavernosos que esperan mi refugio
demasiado tarde   el gordo antes me dispara
leche de ballena su pezón peludo
se dilata mientras lloro
de no poder recordar por qué lloraba

DESPRENDIMIENTO

mares congelados
el sol caía rojo y metálico en banquisa
al rebote desprendía témpanos de nieve
cicatrices de salmuera recristalizando una mujer
canasto submarino su vientre en ascensión
velita de silencio austral hacia materia
su pequeño fuego rompe los ruidos sin tocarlos
pelos rostizados   un olor a muerte de lo inerte
en superficie explotan sus engendros en almíbar
miles de gaviotas que hacen una sola
efervescencia en mis oídos
criaturas de caramelo   exoesqueleto de kril
cráteres expulsan pájaros histéricos sin pico
palabras carnívoras: a dónde se llevan mi piel?

COGIDA SUBURBANA

cada plenilunio
es un corte transversal en el esternón calcificado
voluptuosas biblias con el tuétano escribimos
para sintonizarnos uno al otro cicatrices
las ruinas
se nos van poniendo duras y todo lo demás
endulzado con letra pegada entre la uñas
disolvemos de un espasmo el significado
con el significante
se nos va poniendo verde amparados por un puente
de los peligrosos
la mística miseria en camisetas deshicientes
desde arriba nos llueven los desechos de la cena
clamor de eructos clase media con un timbre porcino
y todo lo que tiene más poder que nosotros
visto desde abajo quién diría que tiene humanidad

TIENDA BILLAR

querida muchacha del pozo
un día tendrás que dejar de escribir estas cosas
y hacerlas delito

cremallera de dientes
bajan los bichos en incendio echando mi sangre a correr
primer round: aprende a rezar cayendo
yo solo vine a este mundo a decir adiós
no soy padre ni perra ni muerto qué llorar
es aquel domiciliario en bicicleta mi esqueleto
los cinco elementos que me componen
noquean a toda la tabla periódica
se vende una chica nerviosa   me ignora y es yo
tiene derecho a escribir un poema antes de irse a morir
angustia del caos dibuja en papeles cuadriculados
hormigas bañadas en gasolina y niñas llorando aguardiente
acuden al entierro de las flores
en un cuerpo de humus del que deserta el aliento
la chica piensa más rápido que mi voz
con solo mirarme cava el pozo:
hacia la piel corren mis órganos internos
ofrece una pola[1] el campeón de ajedrez   pero es solo
     por joder
desconfía del cálculo   aprende a pelear escribiendo
su reino no es de este billar

---

1 "pola" es el nombre que coloquialmente se le da a la cerveza en
Colombia.

BATRACIO

La disección aórtica tipo A
consiste en el desgarro de la íntima
de aorta torácica ascendente, distal
a la unión senotubular,
con la formación de un canal paralelo
al lumen natural...
se propaga hacia distal en extensión variable
y puede producir compresión del lumen verdadero,
causando una pseudocoartación de la aorta toráxica
o estenosis u obs-
trucción de ramas
SELMAN

trasteo de copas rotas por la vena carótida
seda de luna para lastimar
velas amarillas detrás de los párpados
pasan como si borrando mi cadáver
no tengas miedo hijo de la piedra
los bebés lloran cuando se despiertan
y los grandes cuando se duermen
inútil ciencia perra del acecho
como bromuro de calcio en los calostros
inviernos sellados al vacío en la nevera
mi lunar en la entrepierna es el botón
que enciende la vía láctea las moscas que me orbitan

son toda la vida que me queda y me fastidia
pasé toda mi humanidad en el armario
   dijeron que era mi derecho a tener patria
mi silueta diseñaron con larvas de polilla el cemento lloro
hasta diluir el muro de mi propio endometrio
   el nene se alimenta de cuando dicen su nombre
calambres de aquiles que no pueden morir
   los impotentes aullan a mis pies
en leche rancia brillan sus cenizas
   pero desconfía porque son en realidad
dientes de albatros en alquitrán o chulo chulavita[2]
atroz atroz   pierden las uñas escribiendo
hasta el alba para ganar plumas y garras
   pero es un cubo de azúcar bajo la lluvia ácida
      fríos a las branquias se les pegan los papeles
y yo aprieto muy fuerte mis cajones pélvicos
   para que no les entre noche y se me rompe
     el humo al fondo de sus
pulmones   oh dios de los sapos
         oh ciencia disectiva
que lindo tu cerebro   es de mármol?

---

2 Los chulavitas fueron un grupo paramilitar en los años 50 en Co-
lombia. Chulo: nombre que en Colombia se le da al zamuro.

NOVIA PIRATA

mírame a los dientes
pliega mi vientre con tu aroma inguinal
saludes a tus padres   mienteles   tengo un plan
calando mi cuadrícula entre montañas irregulares
medias de seda fría   piernas que envuelven a
    tu pez marsupial
las coordenadas geográficas en el crucigrama
        las oculto y ya son la verdad
extiendo mallas lepras magulladuras llenan
    esperándome en el muelle
tengo a tu madre en una botella
más cara que ginebra tu madre está vacía
exhibiendo su carencia
        su última palabra   rómpela
fúmate las cenizas del abuelo y fúgate en un barco
hecho con el testamento de sus dioses paganos

PÚRPURA IMPERIAL

si escribo en mayúsculas no voy a caber
por los poros de las múltiples criaturas
la crueldad que los números enjaulan
celosías tus pulmones tamizan pulpas de violetas
absortas en el fango de la fascinación   ese licor
expectora tus ojos son algas vidriosas
oro estancado en tegumentos de musgo
lagartijas viscosas que se escapan del lenguaje
alcoholes como halcones
se posan en balcones iluminados por navajas
de esas para salir a follar en los potreros
como el que se suicida por miedo a morir
te precipitas   orina llueves frascos de veneno
rancio que absorben por el pico
chulos solidarizados por el beso con púrpura de murex
tu valva salitrosa   un imperio de tintas y mitos orientales
que tiñe las orquídeas de fúnebres perfumes

RELICOR

cascada de mi sangre en el útero hirviendo
muelle mudamente sin fecundación
tejidos inertes desgarra un insecto de su ámbar
golpea inútilmente mientras huyes tu esternón
alas de ciego que no son de este infierno
azotan la piedra preciosa intermitentes
párpados intentan y no quieren despertar
te querré mientras siga siendo ayer
acasos por la duda caídos en desgracia
viento que tira las velas de un barco hacia atrás
rasgando en ocasos la deuda de tus labios
partidos por la sangre que no quieres decir
dulce y peligroso el danzar de las abejas
monedas de cobre mendigas y la luz
más blanca vuelven roja en tus pestañas
fotografía de estrellas porno   descoloridas   póstumas
nunca leas sin tocarme
no abras la boca si no es para besarme
el canto laborioso hace un panal en tu mejilla
que pegajosa y carcomida se apoya en mi regazo

EL MAL PLACER

a los colmillos de la que fue mi madre: soy la mano
    el paréntesis-encía que les falta
corrijo lo que el pensamiento presupone es la nada
pero yo sé más del mundo que sus cachivaches pensables
estrujo el instante en movimiento: crujidos de personas
    trabajando (ese pujido sexual)
la clavija del violín desvencijado (violado)
exprimo la manija de la puerta
    (chirrido metalúrgico en las ingles)
la chapa la correa sus aceites en spray sobre los glúteos
el brillo de las ollas que no encajan con la tapa
la cabeza de la madre
dice "no" mientras estampa (escribo)
una mancha de baba en el cuaderno
mamilas pulsátiles   ya casi es de silencio
dices "no" de nuevo y pulula
la espuma de un mecanismo que se gira
¿por qué cierras la puerta
            cuando alguien al fin tuvo
algo que decirte? perdón mamá   solo quería preguntar
porque matan siempre tanta gente en todos lados

PODER INMOBILIARIO

porque mi cuerpo se expande creí estar fuera de él
no me acuerdo de qué huía pero sigo estando
en una casa que no es mía sostenido por el último
brillo del hacha del verdugo   veo mi cuerpo
enterrado bajo un nombre de alfabeto ajeno
mi lugar es ya su espectro cubierto de raíces
disimulada por el mangle   la niebla del pensar intermitente
a pena de parecer lo que no es
                y ser apenas lo que se parece
perdido en este mi lugar
          que no se queda quieto (intermitente
ha de ser la piedra para hundirse en un lago
        impenetrable) se vence el plazo
un injerto de relojes me tajea la sangre
el pulso ronco dice incoherencias
al rostro que naufraga en líquidos amnióticos
me cuesta señor juicio mantener la propiedad
pero me cuesta todavía más perderla

IV. LENGUA EPITELIAL

*

tengo un espejo incrustado en el ojo
niños gritando en las hormonas
cien mil kilómetros de arterias recorridos
por siete mil quinientos litros de milagros al día
pétalos en llamas veo acariciar la tarde
quiero lavarle porciones de sombra al árbol en su caída
así quedar lista para el próximo canto

BESTIA BASTARDA

salta hacia adentro y rasga la mejilla del paisaje
se ha cortado los circuitos mi bestia bastarda
asoma la cabeza al mundo
llevaré su grito envuelto en papeles de aluminio
mi casa es un mordisco en el costado por digerirme
grasa que me avergüenza   sangro números sin dígito
mi exceso sintetizado en niña cara y sesos en celo
las polillas no dejarán pie en mi zapato
mano en la hernia como una manivela giro para
    el exorcismo
vomito escapularios hacen cada una de estas marcas en
mi cuerpo y el tuyo   el poema
disipa una plaga de libélulas en la memoria

voy pariendo ratas con mi bestia bastarda
engendramos fruta extraña que da sombra a mi nuca
no sé cómo sigue viva supurando espirales de azufre
me veo con ella escurrir por tu boca
mendigo un poco de crueldad para sentirme viva
quién me dió este mal en préstamo como un tesoro?
no se entiende lo escrito con mis ramas
mucho menos cuando tiemblan
agitan las caderas no se entiende lo que quieren cuando
mis amantes agitan las cadenas su color atraca
    en mi tacto

sigue siendo muy triste esto de las palabras
en plumas de plomo me ahogo en empaques al vacío
no puedo moverme de mis piernas
salto hacia el cero y ya no sé qué más callar

MONSTRUOS DE LA RAZÓN INSOMNE

1

te estás viendo mirarlos y retrocedes en cuchillos
   hacia tu retina
tus senos activan a la manera de bombillas eléctricas
   los tuercen
generosos marihuaneros carburan porros en piel de biblia
las moscas en tus pestañas abren y cierran carroña fugaz
monstruos alcaloides te han sembrado subcutáneos
se nos caen las nubes en cámara lenta me espumo horizontal
tiemblo como un cielo nocturno sacude sus últimas luces

2

soy hija del grafito
con el que pretendieron ajustar mi agujero oxidado
allí un árbol me crece   un dedo del diablo señalando a dios
hago mis ruidos personales cuando giran la llave
anoche quedé mal drogada
ya no quiero ser mujer pero me gusta usar vestidos
lamo tus cuchillos cotidianos para afilar mi lengua

3

olas que desnudan raíces rojas en la orilla
el viento deshilacha las palmeras si yo inhalo profundo
entonces hasta dónde llega el mar? y mis venas
dónde mis poemas? terminan en el margen de este libro?
tormenta marina: lo hermoso se puso terrible
el cielo se posa en tu hombro
el miedo entre las uñas pero ya cavaste el pozo
así que ocupa tu herida en el espacio y cúbreme
soy la mujer perfecta   aquella que no existe
agacho la voz cuando me miras
para caber en mi propio cuerpo
el viento me toma del brazo
me toma de barco y separamos aguas

CAMBUCHE EN LA PLAYA

barcos heridos   las fronteras desisten con-
     centración en lo informe
luminiscencias bajo las cicatrices:
     números preciosos
somos uno es el error del otro
talones sincopados por la gotera del techo
es ella trago arena que me escupen
sus sandalias desde el segundo piso

*

pegotes de luz en el cerebro
agua que se riega sobre los surcos quemados
puño encajado en el hueco de siempre
hígado del rey sorbido por el pico de un ave migratoria
la poesía vuelve para darle un tiro al lóbulo frontal
se corta la mano izquierda (la mano escriba)
belleza traidora que me descompone para ser como ella
camino por gramos impalpables de mi color
sigo las huellas de los perros que me dieron caza
me arrojo hacia las matas
construyo mi caverna en un hueso roído
belleza que a nadie hizo feliz yo quiero
morir digerido por peces pequeños
darles todo mi amor y mis aullidos

*

he pasado frío y orden
aún no aprendo a dibujar el vacío
alguien tiene que santificar lo que para otros son banalidades
ser un pensamiento fijo en todo lo que es distinto a él
ya sé perderlo todo   ya sé quedarme quieta
coger las balas que me tiran con la punta de los dedos
sacarles el grafito adelantándome al reloj
pero aún no sé quedarme
ser inteligente o parecer alguna forma
me alimento de tu odio de tu dolor monetizado
soy la última lombriz no te das cuenta?
cuidaste de tu cuerpo solo para alimentarme
estoy buscando la curva de tu idea más afilada
para morir naciendo con mi doble

*

por el cristal circulan bandejas de carne que no puedo comprar
sin canasta básica me doy el lujo de todos los detalles
creo en las porciones de aire que circula entre las lápidas
entre las muelas: letras "aquí hubo una persona"
ropa de ángel colgando de las púas
tanta piel sofoca el alma ten cuidado
en cualquier esquina se puede perder la luz
te lo digo yo que puse mi corazón frente a tu boca
cierro los ojos abriendo espacios íntimos

inhalo espíritu santo con miedo a las paredes
blancas viejas nieves de cal
golpeo diciendo "toma estas mis últimas palabras"
vas a tirar de ese manchón en la garganta
para no ahogarte en la borrachera de mi salivación

*

soy la mugre
estoy en cada lugar donde no quisieras verme
soy la muerte
me gusta sentarme en calles peligrosas
sonreír hasta que tu precaución se extinga la sombra
rezar hasta que tus armas caigan de sueño
a veces me pregunto que vine a ser a este poema
agito la respiración   fermento el grito
escupo mi garabato bailo en la punta de todo lo terreno
si te muestro mi colmillo esto es hablar con dios
taparse los agujeros debería darle vergüenza
mejor seguir viviendo chorreando poemas por ahí
si alguien sobrevive a esta degradación no seré yo
no seré yo al sobrevivir a esta degradación

V. DEHISCENCIA

DESESPERADA LLUVIA

Desesperada lluvia, amor que desintegra.
Lluvia de vino que me riega sobre
el mundo en abstinencia, por ardiente
el roce de la carne lo evapora.
La voluntad es tuya, Padre,
mío es el goce. En pedregal de labio reventado
crepito como un Cristo en los Olivos:
¡Maldita sea! no soy de vino.
Y yo con este amor pudriéndose en los ganglios,
amor de barro magma que se aleja
borrándome despacio, boquea sin poder
llamar a nadie. Enredada en mi pellejo
de voz ennegrecida como tres veces el gallo,
cabellos de alquitrán tejidos en asfixia,
anillo de la angustia rueda por tu cuello
como un filo. Yo te gimo y tu me toses.
Al palpitar del sable, grito que se encrespa.
Me hundo en el silencio equivocado.
No hay luna que arañar
ni cicatriz de luz en rostro enmudecido.
Mi cruz es carcomida por jauría de tus hormigas
salpicando al pozo negro del
deseo que no se arroja explotará en tus ojos.

ME CAIGO DE TODOS

Me caigo de todos los sonidos.
El esófago los ruidos escarpando.
Deshojan a mis niños y supuran un viscoso silencio.
No quisieras recubrirlos de palabras
sino transportarlos en músicas continuas,
aunque se llamaran Duras Lluvias.
Duna tú y aún sin nombre te llamaran,
pues te llevan y no quieres
cicatrices de raíz, hundir la punta ancla
del talón en la memoria.

INVOCACIÓN

Mi palabra estuvo antes que mi nombre.
Mi palabra me hizo esto: ella me dijo.
    Esta es tu carne y va a dolerte.
En su fermento está el aliento de la vida eterna.
Donde ella me tocaba se hacía cuerpo.
Yo sin querer le di la transparente
y simple sangre que nace de mis ojos al abrirlos.

       Y aquí empezamos:
Aspiro tu cuerpo, es dulce,
avanza hacia mis bordes internos.
Lo amo y lo siento por él.
Tu cuerpo de muñeca bailarina,
ahora sé que envidia a las panteras
y por eso vienes a beber tu reflejo en la viscosa
y cristalina sangre que mis mandíbulas rebosa.
Mi palabra me dijo: ahora soy yo
quien te hago esto para soportarla.

FIBRAS

Huele a sangre y sabes que es la tuya.
Vives en el vino y no eres Cristo ni mueres.
La cabeza llena de urnas. Beber mi roto borde
y que mi cuerpo me invada. Tiran mis huesos
para alimentar el frío. Mis nervios,
carta de navegación para las moscas.
Olor a cloro y crema solar: la infancia.
Mi vaso llenan con luz de crucifixiones.
Vigilia: aquella pesadilla en ciernes.
Ese vicio de apurarse con un pie en el estribo
hacia el inicio.

PARA VERTE MEJOR

El olor de la lluvia.
El rencor de los pastos cuando pregunto con mi pie
    a los infiernos.
Tuviste que dejarme ciega para hacerme creer en
    mi respiración,
para escuchar el sonido que fundó este canto circular,
el furor del bigbang en el crujido de la uña que se descascara.
Tu voz se tacha en los perfiles de las cosas. Tuviste
    que dejarme
ciega porque el sentido que pregunto
se costrifica al respaldo de toda materia.
Hablo en reversa para escucharme en un cassette rayado
con alfileres de mariposa fijada al icopor.
El único lugar donde estoy a salvo queda
tan atrás de los párpados. Preguntas por mí
con un puntapié y la poltrona de resortes engastados
en pourriture de nalga humedezco.
Siembro mis uñas al respaldo.
Con amarres de corset: la silla eléctrica.
Perfume a enchufe seminal.
Echado en un matorral, desnudo hasta la espina,
fecúndame esta lluvia ¿Tomar asiento? hace tiempo
sobre mi encía ya crece la hierba.
Qué terrible voz se funda en lo que no quisimos ver.

LA VOZ QUE TE HIZO TANTO DAÑO

1

estás aquí moviendo los dedos
buscando de la herida el borde si tuviera
quemarlo para que solo quede un cuerpo muy abierto
una membrana que registre tu embestida
contra las partículas de aire y polvo
lastimadura del anzuelo de teoría hundiendo
sus colmillos en la carne gozosa de salir
de la culpa de no ser humano
registrando un bufido de teclas ariscas
se arrinconan las sílabas en las caries que salieron
    victoriosas
sobre las amalgamas de mercurio plata estaño cobre
un sismógrafo dibuja las huellas dactilares del cuaderno
la membrana se hace luz en digital   luz quirúrgica revela
con justicia un corazón envuelto en aluminio
porque todo lo que duele es susceptible de piel
tú dices estas cosas por hacerte el mudo
para hacerte pueblo escribes
defiende tu partícula de inanición
canta por hipnotizar al perro
que acecha bajo tu mesa defiende tu partícula de fe
cómetela para conquistar un pequeño espacio libre de
    justificaciones

pero declara antes la posesión de cada uno de tus gesto
   en la aduana
exhibirlos es desposeerlos así que vamos canta
hasta el tuétano sin hueso
pero si no quieres pasar la frontera cómo hacemos

2

silencio insultante
un quiero irme de goma de mascar pisoteado contra el
   crimen de un pueblo caliente
el día del desfile de bandas marciales
una visera llamada explicación y afilas tu mirada artística
   hacia lo deslumbrarte
te arden los ojos   no quieres que te vean
agarrar los lentes de sol tienes miedo de tocar tu cara
y que huya despavorida pero es más fácil
no decir nada que mentir o eso decías
tienes invitados que dicen vamos canta
moverte es incitarlos a que te llamen por un nombre
corres el riesgo de que sea el tuyo   estás en casa
así es peor porque debes ser amable
y tú que solo amas lo que no ocupa un lugar en el espacio
lo que no puede comprobar su existencia sino por escrito
estas perdiendo cuerpo eres cada vez más mío
lo llamas libertad de no pagar tus deudas
desde mis dominios podrás ver tu cuerpo en descomposición

para eso nos quitamos los ojos
ya no sabes cómo moverte del frío
ponerte el abrigo significa renunciar a tu parcela de universo
te golpeas contra el texto y sin querer te calientas
con los diodos del computador   la mandíbula se afloja
mana música viscosa buscando entre la hierba
un brote por si lo tuviera
ya nadie está ofendido ni quiere que se vayan
y nos parece absurda la maldad pasada
cualquier crujir de puertas es un mordisco en las orejas
cómo pasa el tiempo   cómo ha crecido el chicle
es una bomba de aspartame   sorbitol   poliacetato de vinilo
es la gorda que te encanta masticando tus pezones
has dicho todo esto por hacerte el mundo y el registro de
tu libro se incendia cuando intentas comprenderlo

PASAMANOS

mi sarna es sagrada   me visto de fisuras
tropiezo con mi propia voz
un túnel en tu dermis reanima el vacío entre los átomos
soy un ángel en incendio
las manos ampolladas de cruzar y descruzar mi adn
como una barandilla una y otra vez en parques de latón
erizo toboganes con el frote de un bikini de la barbie
puntillas oxidadas en la dicha lengua ensartan un jirón
    de nalgas tiernas
pringoso de bloqueador solar   tras gruesos lentes negros
sangro de memoria la mirada del pedófilo

BONITA VISTA

tu cuerpo se curva como el pico del ibis
vecino de enfrente cuando al desayuno encajas
en la circunferencia que agujera el muro compartido
granos de arroz o trozos de uñas
en lluvia o en sudor te bañas
sales con el mundo a medio crear
una flecha en el lóbulo izquierdo
alguien dice tu nombre y se te llena de pájaros la cabeza
crema de leche y sardinas
compras también y las montañas que salen por televisión
tus ronquidos o la puerta que cierras te avergüenzan
porque dicen que aún te arriesgarías al amor
me apena la gente que insiste en sonreírte
solo porque eres casi inexistentes
y solo así te quieren

LA MÍA

sobre el infernal silencio que me dan cuando me la quitan
follan los de arriba al compás de siete por ocho
en papayo y bicicletas cuelgan sus tapabocas
las palomas entran en pánico dándome portazos
entre un latido de su máquina sangrante y mi tecleo
recuerdo el monstruo
que verdaderamente soy cuando está Mía
escucho la lluvia del norte antes de verla
se acumula con un ruido de copas
barretones que se incrustan contra el pavimento
me la antojan   ella vive de los adjetivos
y yo no quiero que vuelva así que se los borro
con el aleteo de palomas mientras los vecinos follan
gimiendo entre sus vellos la chavela y rebotan en la cancha
rugosas pelotas contra los charcos de lluvia

del inframundo vuelve Mía
envuelta en un impermeable transparente
ropa interior púrpura   gotas de barro entre la sangre
hebras de musgo en el pelo
cáscaras de naranja en los eructos de gintonic

PRINCIPIO DE REALIDAD

sueño morir de taquicardia cayendo de su arteria principal
de solo pensar en su corazón frutecen
los cerezos en plena línea del ecuador
sueña vivir en alguna isla griega para comprobar
si queda aliento en el humus de la belleza
aunque sea en el siglo veintiuno
aunque tenga que estar viva e histérica aunque homero
sea un sarpullido hermoso en la epidermis de los dioses
cuando se frotan con la historia como gatos y arde la ciudad

mastiqué su corazón y me astillé la lengua
he confundido su sangre con la mía
por el precipicio de la realidad escupo
la insistente piedra de su sílaba cardíaca
mala semilla   caerá en mejor tierra que mis tripas
sueño morir de taquilalia cayendo con su lengua
fermentaré en silencio hasta el próximo lapsus del imperio

estoy convencido como cualquiera que ama su oficio
de que hacer esto es lo más importante del universo
aunque solo sea escribir poemas

*

ventanas
escribo siempre ventanas
ventanas   ventanas
no hay que ponerles nada
cuando digo ventana quiero decir "respirar"
arena sol y tiempo nada más necesito
para ponerme de vidrio
ventanas barajo brisa en las ramas
aprender a vivir fuera de mi cuadrícula debo
este navío expandir hasta que albergue todo el mar
esta sala de urgencias que llaman reino de lo que no
puede ser nombrado
no me digas que esto es español
mis aguas al acecho
serás parte de mi memoria
agua golpeando la puerta de mi frente
límite premonición   apremio fiebre

cuando escribo ventanas abro hasta la náusea
y quiero decir amor
tomo aire trueno suelto aire sin parar
para ser el mar   antes de morir en mi charquito
con las alas para dentro

AVALOKITESVARA

parirme por la boca sin sangrar
sin agarrarme de mí
un huevo grande húmedo atroz
perfumado alpiste procaz
brillante saliva dulcemente
sin escupir a mí mismo decirla
manchado de oro huevo
cuarzo manchado de tinta
placenta cuelga de los abecedarios
mi voz punta de lanza picotea la cáscara
sonido puro y salado
intento dormir sin volver a morirme
si vienes solo ven pero no digas mi nombre
hasta que halla terminado el mar
de pronunciarlo (mira hacia abajo
el sonido que emite el mundo cuando sufre
y se inflige un nombre para venir a salvarlo)

ÍNDICE

III. TEJIDOS GRANULARES

IV. LENGUA EPITELIAL

V. DEHISCENCIA